AF355114

FUEGO

ExLibric

JOSÉ RAMÓN HERRERA GOYA

FUEGO

EXLIBRIC

ANTEQUERA 2021

FUEGO
© José Ramón Herrera Goya
Diseño de portada: Dpto. de Diseño Gráfico Exlibric

Iª edición

© ExLibric, 2021.

Editado por: ExLibric
c/ Cueva de Viera, 2, Local 3
Centro Negocios CADI
29200 Antequera (Málaga)
Teléfono: 952 70 60 04
Fax: 952 84 55 03
Correo electrónico: exlibric@exlibric.com
Internet: www.exlibric.com

Reservados todos los derechos de publicación en cualquier idioma.

Según el Código Penal vigente ninguna parte de este o
cualquier otro libro puede ser reproducida, grabada en alguno
de los sistemas de almacenamiento existentes o transmitida
por cualquier procedimiento, ya sea electrónico, mecánico,
reprográfico, magnético o cualquier otro, sin autorización
previa y por escrito de EXLIBRIC;
su contenido está protegido por la Ley vigente que establece
penas de prisión y/o multas a quienes intencionadamente
reprodujeren o plagiaren, en todo o en parte, una obra literaria,
artística o científica.

ISBN: 978-84-19092-46-5
Depósito Legal: MA 1465-2021

Nota de la editorial: ExLibric pertenece a Innovación y Cualificación S.   L.

JOSÉ RAMÓN HERRERA GOYA

FUEGO

*Dedicado a José María Pizarro,
quien con tanto cariño ha redactado el prólogo de mi libro
«Destello» y del poemario que tienes en tus manos.*

Prólogo

Dice José Ramón que cuando te sientas desolado, mires al cielo para recibir alegría en la mirada, porque es la simpleza de lo pequeño la que nos induce con la imaginación a soñar y desear, para que así el rugir de motores no consiga acallar los trinos de los pájaros. Mientras tanto, se fija en las bailarinas sombras que proyectan las hojas movidas por el viento; introduce el fuego en ese brillo del sol que, al amanecer, ilumina las hojas con un brillo que llega al corazón. Al azul celeste sube humo de incienso con curvas en movimiento hasta que el viento lo disipa, como se desvanece la ola convertida en lento rizo y blanca espuma.

Convertido en espectador desde la atalaya del balcón de su casa, contempla cómo arde el día mientras las aves baten sus alas al aire. Luego, el fuego naranja que emite una farola deja ver gotas de lluvia en las ramas de los árboles, que lucen en la noche mientras en el suelo, terminado su ciclo veraniego, las hojas secas crujen movidas por el aire que precede al otoño. Al despertar al día siguiente, con el calor del sol como cristalino espejo, suben al cielo gasas de niebla entre vapores deshechos a la vez que la aparición del arcoíris, con el binomio calor-humedad, le evoca su niñez.

Con el paso del tiempo, el sol atempera las estaciones, desde el frío invierno a la fresca primavera. Vuelto a casa, contempla como milagro que un haz de luz refleje, en el televisor apagado, rayos de sol que son esquivados en el exterior por las aves entre revoloteo de hojas doradas, y cuando ese sol se pone en los jardines, las golondrinas brillan con destellos de la Alhambra a la vez que como símbolo del otoño que adorna su vida, surge una flor de pasión.

Lleno de luz y calor descansa en la madrugada oscura deseando que la claridad traiga el día y cuando ausente en sus pensamientos vuelve a ver el sol en el cielo luciendo en un cuadro que le deja absorto, una mariposa despliega sus alas y vuela tras posarse en el cristal de su ventana. En ese momento, al entrar el sol por el balcón, le trae un haz de luz, color medalla, y se deja llevar por su resplandor hasta que la vista le conduce a admirar la belleza de la naturaleza cercana en el brillo que se refleja en las hojas. Al atardecer, un sol anaranjado se posa entre blancas nubes y su color dorado brilla hasta decorar los montes cercanos. Después, se vuelve rojo ofreciendo una maravillosa, aunque efímera visión.

El fuego del sol es una constante en las guirnaldas navideñas que se cuelan por las rendijas de la persiana, en las hojas bailarinas entre sol y sombra o en las estrellas de colores que se forman en la chapa de un coche cuando refleja sus rayos el astro rey, y sentado, con un café al lado, mientras contempla bajo el toldo cómo se mueven los flecos, rizados por la brisa, purificado por el calor, comparte su sensibilidad desde un ámbito pedagógico con poemas didácticos, como que tú solo hallarás el lucero que muestre el sendero, que solo el cerebro nos distingue de los demás seres o que perdidos en nuestros problemas diarios no vemos la sencilla realidad.

Refiere que solo los niños ven el milagro de la vida porque la contemplan fuera del escaparate desde donde la vemos los adultos. Nos dice que vivamos en el presente y no hagamos conjeturas con el pasado y el futuro; que amemos nuestra autoestima y no queramos arreglar las vidas ajenas; que las grandes potencias juegan al ajedrez de la guerra en terceras naciones; que cada año es un viaje sin más paradas que las estaciones; que si quieres ser genuino no hagas siempre lo que otros te dicen; que busquemos la verdad lejos de símbolos y vacuos ritos; que no caigamos en los finos y largos hilos que nos tienden las redes sociales, aunque la sociedad cambiante nos pida adaptarnos.

Para que el fuego vital se mantenga vivo añade que a un día de lluvia le sigue otro de sol, como a la melancolía le sucede la ilusión; que somos una chispa entre las luces que brillan en nuestro sendero; que cada cual tiene una parte de la verdad y es al unirnos cuando la conseguimos entera y al retrotraernos de los sinsabores diarios nos aconseja que aceptemos lo que depara el día, porque es la clave para una serena felicidad; que no abandonemos nunca nuestros sueños; que si te quieres a ti mismo te querrán los demás; que un pequeño gesto a tiempo puede cambiar el futuro de quien está a nuestro lado y que no importa la edad, sino vivir intensamente cada día para ser felices.

Tiene dedicatorias a la madre, que le acogió en su seno; a la mujer, fruto de semilla ardiente que le prendió con su fuego, y a esos abuelos que en su fría soledad añoran un cálido abrazo.

Concluye diciendo que la experiencia nos enseña que tenemos aciertos y cometemos errores, pero que al final somos los jueces de nuestros propios hechos.

¡Poesía en estado puro desde el calor íntimo del sentimiento!

José María Pizarro

MI POESÍA

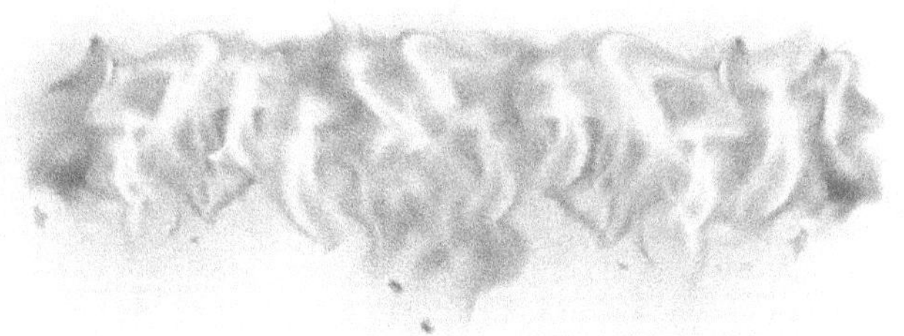

MI POESÍA

Mi poesía
es la filosofía,
no solo de mi vida,
sino que también social.

Mi poesía
es la que anima
a seguir para arriba
hacia un mundo celestial.

Mi poesía
dice que persigas
los deseos e intrigas
del corazón emocional.

Mi poesía
es pura fantasía
de un niño que mira
al agua del manantial.

TU AMIGA ÍNTIMA

La poesía te saca de la rutina
que todos los días es repetitiva
y te lleva a un mundo de alegría
en el que descubres la maravilla.

La poesía te libera de la monotonía
y vuelves a ver la variedad cromática
que aún te rodea, cada instante todavía,
junto con la belleza que tú antes no veías.

La poesía es tu amiga íntima
que nada te pide ni te escatima,
porque tan solo desea le permitas
entrar en tu corazón y así en tu vida.

EL INSTANTE

La poesía describe el instante
de la vida que pasa a tu lado:
cuando tuviste un amante
y si lo has abandonado.

La poesía es lo que soñaste
en esa noche de verano,
la playa en que bañaste
con aquel enamorado.

LA CAUSANTE

Poesía es la vida
todo tu día.
Desde el alba
que llega al alma
hasta el anochecer
cuando vas a florecer.

Poesía es sinfonía
de la alegría.
Notas que cantan
a quienes las aman
y te hacen estremecer
erizando la piel de tu ser.

La poesía muestra el arte
donde tú hayas estado,
pues eres la causante
de lo bello y el canto.

MI LUZ

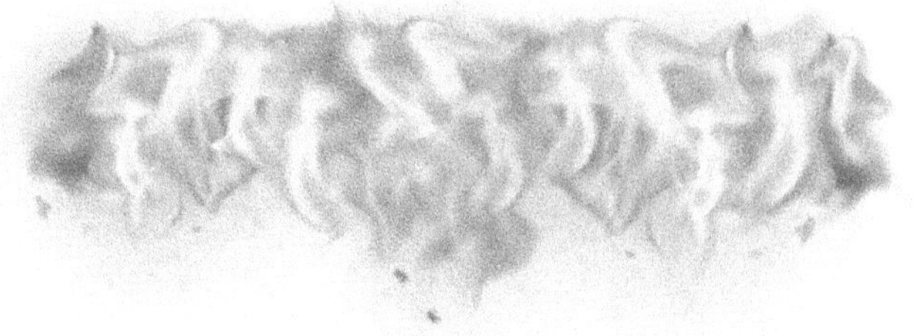

Hacia el cielo mira

A una primavera de calles vacías
han vuelto las negras golondrinas
y, como antes, de un alero se tiran
sin importarles lo que el hombre diga.

Mientras alguien, harto de noticias,
un momento hacia el cielo mira,
y ese instante es la alegría
que cambia su triste día.

UN ÁNGEL ME PARECE

Una bella mariposa blanca
aletea sobre el verde césped
y rozando las margaritas anda,
pues así es como se entretiene.

Yo la observo desde mi ventana
y de verdad que un ángel me parece,
suave batiendo al aire sus amplias alas,
de flor en flor ahora sus melancolías mece.

¿Quién pudiera ser una mariposa alada,
que volando por el cielo desaparece,
en vez de estar encerrado en casa
todo el día hasta que anochece?

CANTOS DE FELICIDAD

Ante el silencio de la humanidad
comienzan los pájaros a cantar,
sus trinos nos dan serenidad
para el problema afrontar.

Un coche solitario por la ciudad
a las aves no consigue callar,
pues pasa a poca velocidad,
la prisa dejó de importar.

Desde las ramas con humildad
muestran su buen comportar,
dando cantos de felicidad
nos van a reconfortar.

MUY ASUSTADIZA

El sol alumbraba el árbol
entre hojas por viento movidas,
y sus bailarinas sombras vi un rato
reflejadas sobre la casa de la esquina.

A veces yo así me paro
para ver la naturaleza divina,
pues siempre nos está esperando
a que la adoremos como a gran diva.

Despacio y en silencio lo hago,
porque es sensible cual una chica,
que si rápido y sin tiento me abalanzo,
velozmente desaparece, muy asustadiza.

Lo contemplas siempre

Por detrás del monte sale el sol
y lo ves entre las hojas verdes
que alegres bailan al son.

Amanece por el este
y destella con tesón
para que te llegue.

Desconoces cuál es la razón,
pero su brillo vuela como el éter,
penetrando el ser hasta tu corazón.

Ya no sabes bien quién eres,
pues ardes con gran fulgor
y lo contemplas siempre.

DESVANECIENDO

Estoy viendo
cómo al azul cielo
sube humo de incienso
con curvas en movimiento.

Mientras lo observo y pienso,
al aire llega una ráfaga de viento
que lo disuelve y va desvaneciendo,
cual blanco vapor de nube en invierno.

SE ESTREMECE

La ola se desvanece
formando un lento rizo
en arenosa orilla de mar.

Y en blanca espuma leve
la transforma el destino,
ya puede descansar.

Quizá un recuerdo se lleve,
algunos guijarros finos
que van a arrullar.

Tu cuerpo se estremece
con el canto del río
o del gran mar.

SENCILLA PROEZA

Mirando al tormentoso cielo
observé que arreciaba galerna.
Todo el día había estado ardiendo
y las aves al fresco más felices eran.

Cual hojas revueltas por el viento,
las golondrinas hacían piruetas
y yo las veía desde mi asiento
cómo al aire daban vueltas.

Batían sus alas una vez y un ciento,
bailando con la diosa naturaleza
aprovechaban ese momento.
Así es su sencilla proeza.

EL ALMA DEPURA

En la noche oscura
volaba la fina llovizna
bajo naranja luz de farola.

Y tú mirabas sin premura
cómo el agua lentamente caía
dejando en cada rama una gota.

Así embellecía al árbol su figura
con fulgurantes brillos que ya lucía
en la extremidad de todas sus hojas.

Cual navidad que el alma depura,
la luz centelleaba y tú querías
disfrutarla estando sola.

A SU ENCUENTRO

Unas hojas secas
movidas por el viento
merecen que des la vuelta
para observarlas un momento.

Cómo se arrastran por la acera,
con un crujido bien revuelto,
caminando en línea recta
vas a su encuentro.

MÚSICA DEL ALMA

La lluvia me ha despertado
a las cinco de la mañana,
golpeando mi tejado
antes del alba.

Con sonido de mecano
llamaba a la ventana
para verme un rato
y que me levantara.

Pero yo no le he hecho caso
y he seguido en la cama,
disfrutando del milagro
de la música del alma.

ESPECTÁCULO ETERNO

Son nubes que, como olas,
se mueven por el alto cielo
y las vislumbro desde lejos
mientras solo voy sonriendo.

Quizás, de alguna forma,
sean del azul mar el reflejo
que cual un cristalino espejo
se muestran en el aire revuelto.

Ya se van a su casa ahora,
entre vapores deshaciendo,
y las gasas de niebla observo
creando un espectáculo eterno.

HASTA PRIMAVERA

El hielo llegó a la sierra
y el frío todo congela.
Tan dura cual piedra
la montaña queda.

Ya en la cima nieva
y el pastor la deja
hasta primavera
a la espera.

Y han bajado las ovejas
del monte a la ladera,
donde está fresca
ahora la hierba.

EN MI ALMA

Por el borde de la nube
gran arcoíris brillaba
en un día de octubre
de soleada mañana.

Y mirándolo estuve
con mente alucinada
como quien ya intuye
que algún milagro halla.

Enseguida yo supe
que los colores salvan
al niño que de mí no huye
y siempre sigue en mi alma.

Nuestra guía

Estrella naranja
entre las amarillas,
temprano de mañana
eres la única que brilla.

Por el horizonte andas,
siendo allí nuestra guía,
cuando perdidos en la nada
nos muestras una buena salida.

También el camino señalas
a los marineros en las partidas,
ya que por su rumbo los acompañas
yendo siempre hacia el norte que miras.

Un milagro

Mi televisor apagado
no emitía ningún programa
cuando el sol entró por la ventana
y sobre la pared reflejó su cristal cuadrado.

Era de luz intensa y en cada esquina con un halo,
desplegando sus largos rayos que alcanzaban
hasta el otro lado de la luminosa pantalla
y yo miraba como quien ve un milagro.

Brilla el relámpago

En el otoño con una ráfaga de viento
salen veloces volando las hojas amarillas
de los árboles como una bandada de pájaros.

Tú las observas haciendo un aspaviento
y piensas a dónde irán a parar, a qué orillas,
mientras las aves del cielo esquivan los rayos.

A cada época le corresponde un movimiento:
la primavera quizás sea la más bella y tranquila,
en verano hay alboroto y en otoño brilla el relámpago.

VOLVERÉ A OBSERVARLAS

Hoy vi las tres golondrinas
colgadas en la pared de casa.
Creo que son de porcelana fina,
pero me parecen de noble plata.

Sobre la blanca pared brillan
con destellos de La Alhambra
cuando el sol se pone encima
de los jardines que engalanan.

Es como si estuvieran vivas,
desplegando sus amplias alas
y así me recuerdan que algún día
en primavera volveré a observarlas.

MI VIDA ADORNA

Con la llegada del otoño
de la verde planta brota
una hermosa flor roja.

Yo no comprendo cómo,
si ahora nos es época
cuando criar le toca.

Pero de la flor me enamoro.
Da igual que esté un poco loca,
porque en otoño mi vida adorna.

MI CUERPO DESCANSA

Es madrugada oscura
y desde mi blanca cama
escucho al viento que aúlla
a través de la vieja ventana.

La noche es toda suya,
pues quiero que en mi alma
solo luz blanca del día luzca
mientras el cuerpo descansa.

En mi habitación pura
duermo en blanca sábana,
ajeno al viento con su locura
que está armando tanta jarana.

43

SOLAMENTE SUEÑOS

Estaba ausente en mis pensamientos
cuando vino una ráfaga de viento
y me devolvió a este momento.

Entonces vi las hojas en movimiento
y el sol en el azul aire luciendo
entre nubes por el cielo.

A veces cuánta belleza me pierdo
con ideas que en la cabeza tengo,
pues son solamente sueños.

AHORA

Hermosa mariposa
en el cristal se posa
de tu ventana ahora.

La miras en la alcoba,
es de color rojo aurora
y sus alas despliega ahora.

Fue un segundo, no una hora,
lo que tomó en volar, yendo sola,
hacia el cielo donde Dios ronda ahora.

A HORA TEMPRANA

Mientras escribía un poema
entró el sol por mi ventana.
De lado dejé el ordenador
para admirar su llegada.

Un haz de luz llegó a mis pestañas,
transformándolas en color de medalla
y me dejé transportar por su resplandor
cuando hoy salió el sol a hora temprana.

LLEGA EL ALMA

La gota de lluvia estalla,
formando una fina filigrana
sobre el cristal de mi ventana.

Desde el cielo caen sin alas
y transparentes después resbalan,
formando surcos de agua que relajan.

Hasta que todas las nubes se calman
y de arriba ya no se precipita nada,
solo una paz que llega al alma.

NOS DA ALIENTO

Blanco, amarillo, rojo y negro
son los colores del jilguero
que vuela por el cielo.

En ser llamativo es el primero
y así lo muestra con esmero
mientras de paseo lo veo.

Con su canto de amor sincero
en primavera nos da aliento
a quienes lo precisemos.

La alegría de su saltarín vuelo
es contagiosa y un señuelo
para quien esté de duelo.

MARAVILLOSA NATURALEZA

En los verdes árboles de primavera
una ráfaga de viento sopló con fuerza
mientras el sol brillaba sobre las hojas.

Y yo me quedé mirando como quien espera
que entre las bailarinas ramas algo más suceda,
quizás el gran milagro que Dios da porque te toca.

Así, disfrutando de la maravillosa naturaleza
con el azul cielo y nubes que merodean,
estuve viendo belleza, que no es poca.

TODO REVIVÍA

Me esperaba un día de lluvia,
una jornada húmedamente fría.
Sin embargo, el sol en el cielo lucía
y los pájaros cantaban con gran alegría.

Como cuando en primavera vuelve la vida,
así de milagroso fue el amanecer ese día.
En el moribundo otoño todo revivía
y un oasis de luz de nuevo surgía.

QUE LLEGUE EN HORA

Sobre el agua cae una gota,
surgiendo una lenta onda
que se posa cual ola
sobre una roca.

Al caer la lluvia, un diseño se forma,
cruzándose unas ondas con otras,
como círculos de líneas rotas,
creando geométrica nota.

Cuando escampa, el agua queda sola,
tranquila cual chica en alcoba,
relajada y esperando ahora
que el amor llegue en hora.

SONRISA

Dos jilgueros
cruzan la autopista.
Son de colores bellos
y no los pierdo de vista.

Dando brincos por el cielo,
ajenos a los hombres con prisas
y a coches veloces como el viento,
me hacen esbozar una leve sonrisa.

Tienen alas de blanco, rojo, amarillo y negro,
contrastando con el gris asfalto de la pista.
Irme con ellos volando es lo que quiero,
si me permitieran entrar en su lista.

SAGRADA UNIÓN

Abres la puerta de tu balcón
para que entren los rayos del sol
y te penetren hasta tu rojo corazón
por esos ojos bellos que Dios te dio.

El calor en tus párpados da sensación
de amarilla y armónica relajación,
que hasta tu cerebro activó
con luz de sagrada unión.

BRILLA UN MONTÓN

Al atardecer, el naranja sol
se pone entre blancas nubes.
En unos minutos ya desapareció
y durante un rato disfrutando estuve.

Él es de oro y brilla un montón
cuando por la noche huye
bajo un monte con color
donde de joven anduve.

ELLA DESEA

Al apagar una vela,
el humo de la tierra
por el cielo despega
y su aroma despliega.

Un leve soplido te desvela
lo que el fuego lento quema,
dejando atrás tan solo una cera
que estaba líquida y pronto seca.

Ahora la vela queda a la espera
de que alguien más venga
y con lumbre la prenda.
Solo eso ella desea.

Maravillosa visión

Era la hora de la puesta del sol
y, de repente, el cielo se puso amarillo,
coloreando la tierra con mucho resplandor
como en un cuadro pintado por Van Gogh.

Entonces salió el arcoíris delante de mi balcón.
Quizás hasta hoy yo jamás lo haya visto
en el mismo lugar y con tanto honor
ofreciéndome maravillosa visión.

AMOROSAS

Ya han salido
las mariposas
de alas blancas.

Se han esparcido
entre flores olorosas
y también por las ramas.

Al verlas, pierdo el sentido,
porque son lindas amorosas
que me llegan al fondo del alma.

Suave mordisco

La ciruela desprende su jugo
cuando la corto con el cuchillo.
Roja como sangre que nunca tuvo,
está goteando lentamente por el filo.

Sobre su tersa piel le hago un surco.
Después le doy un suave mordisco
que refresca mi boca con el zumo
y por la garganta baja al abismo.

PARA QUE LA ADORES

Entre la verde densidad de los árboles
se escucha el silbido de un pájaro
y tú lo buscas por las ramas.

El ave pía tranquila sin sentir temores
mientras sigues mirando en lo alto,
pero por las hojas no ves nada.

Ahí se posó hoy para que la adores,
cuando dejas el sendero de barro
y del cielo apartas la mirada.

ME REGALA AMOR

Mi ventana es un televisor
y su marco hace de pantalla.
Yo la veo desde que sale el sol
cuando las aves vuelan de mañana.

Los árboles, el monte y su alrededor,
todo siempre cambiando anda.
Lo que antes era de un color,
ahora no se parece nada.

Ella me regala amor,
recostado en mi cama,
hasta que la noche llegó
y despacio bajo la persiana.

UNA CITA

La luz del sol
llega a la cortina
a través de rendijas
que tiene la persiana.

De amarillo color
en sus curvas brilla,
cual en blanca navidad
lucen doradas guirnaldas.

En este día de calor
el astro tiene una cita
que toda sombra quita,
incluso la que te amenaza.

LO QUE ERA

Blancas nubes en hilera
como peldaños de escalera
o en la orilla se mece la arena.

Pronto el viento las dejó revueltas,
cual aire que anuncia tormenta
y la lluvia a caer ya empieza.

Así es la cambiante naturaleza,
nada permanece lo que era
por mucho que tú quieras.

Un momento

Del toldo los flecos
eran rizados por el viento
con forma de ola en movimiento
y mirándolos te quedaste un momento.

El sol iba en aumento
cuando tomaste asiento
y en sombra mirabas al cielo
debajo de la tela un café sorbiendo.

CENTRADA EN EL AHORA

Sobre el césped sol y sombras
están creando las bailarinas hojas
que desde los árboles tu jardín decoran.

Mientras una luz las ramas dora,
porque al atardecer le llegó la hora
de acostarse hacia el oeste sin demora.

Tú admiras la escena desde tu alcoba,
sosegada y centrada en el ahora,
gozando, aunque estés sola.

TE REFRESCA

Morder crujiente fresa
sin pensar en otra cosa
y sentir que está tan fresca
mientras se deshace en boca
es el gran placer de la fruta tiesa.

Por tu garganta baja la piel roja,
transformada en masa tierna
que hambre y sed sofoca,
pues tanto te refresca
que el calor derroca.

CUAL SI FUERAN FLORES

La amarilla y brillante luz del sol
se refleja sobre la chapa en el coche,
formando una estrella de tantos colores.

Los rayos de arcoíris salen en toda dirección
como filamentos en curva formando más soles
y los admiro desde mi habitación cual si fueran flores.

MI FILOSOFÍA

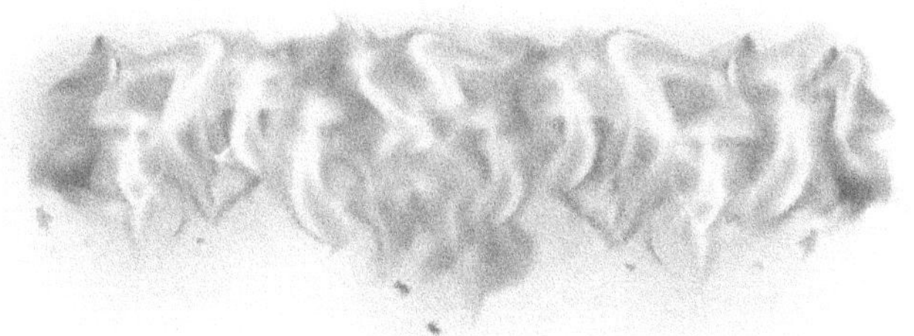

HASTA TU CENTRO

Primero buscas a un maestro,
alguien que te muestre el sendero
en el cual tú solo hallarás tu lucero.

Luego en naturaleza pasas el día entero,
pues unido a ella encuentras sosiego
de la sociedad con tanto trasiego.

Finalmente vuelves a tu foro interno,
donde la santidad está en cada momento
porque el viaje te ha llevado hasta tu centro.

JAMÁS DISTINGUIÓ

Nos creemos ser
dueños del universo,
porque Dios nos eligió
siguiendo su buen parecer.

Sin embargo, somos como un pez.
Desde Darwin nadie puede negar eso.
Nos distingue un cerebro que más creció,
pero todavía nos queda mucho por aprender.

Si sentiste alguna vez
que fueses el único diestro,
piensa que Él jamás distinguió
entre quien más o menos se cree.

EXTREMA CELERIDAD

A veces, nos perdemos tanto
en nuestros diarios problemas
que no vemos la sencilla realidad.

A veces, no nos queda un rato
para observar lo que nos rodea
ahora en el momento de la verdad.

A veces, la mente es nuestro amo
y perseguimos idea tras idea
con extrema celeridad.

SON HERMANOS

Mientras nos quejamos
porque en casa nos quedamos,
otros saltan una valla llena de clavos
para poder llegar a donde nosotros estamos
y la policía les espera con la porra al otro lado.
Además, los puertos cerramos a los refugiados
que de la miseria y guerra huyen asustados.
Así es como acogemos a desesperados
seres humanos que son hermanos,
porque un virus nos ha atacado.

A LA CARRERA

Blanca águila sobre un cable
en medio de la carretera,
tranquila reposa el ave
y el humano acelera.

Quizás el pájaro hable
y con su cualidad sincera
diga «ya es hora de que paren
de ir de un lado a otro a la carrera».

LA PAZ PROCURA

Arrastrada por las noticias
que se vuelven adictivas
sin querer las precisas
cual una droga dura.

Aunque todas sean tragedias
que no te obsequian alegrías,
por algún motivo necesitas
escuchar historias rudas.

Además, si no te pones al día,
tus amigos pronto critican
la ignorancia sin medida
de quien la paz procura.

INOCENTE ARTE

En la arena de playa hay brillantes
cuyos destellos son como diamantes.
Y si algún día detenidamente te fijases,
verías que la belleza está en todas partes.

Ahí están, reluciendo al sol para despertarte
del letargo en el que con la madurez te hallaste;
pues los niños aún conservan este inocente arte
de ver el milagro de la vida fuera de un escaparate.

Es lunes

Es lunes,
hace frío fuera,
y dentro de mi cama
me quedaría si pudiera.

Es lunes,
la dura puerta
que abre la semana
y en la calle ya nieva.

Es lunes,
día de la pereza,
y no tengo las ganas
de otra jornada cualquiera.

Nos guían

Arrastrados por las noticias
de la televisión cada día
que tanto contaminan,
no oímos la melodía
de nuestra vida.

Antes nos peinaba la brisa,
haciéndonos una caricia
y nos duchaba la lluvia
con sus gotas caídas
que el rostro alivia.

Pero ahora con mucha desidia
aceptamos a quienes nos guían
por el derrotero de las ideologías
y la realidad es una pantalla límpida
con la que llenan nuestra mente vacía.

EN EL AHORA SE ESMERA

El artista mientras crea
está arraigado en el presente.
Con el pasado y futuro no se recrea,
pues en la obra pone su cuerpo y mente.

Algunos que mucho piensan
están completamente ausentes.
Cuando lo que viven no les interesa,
hacen cábalas y confían en la suerte.

Esa es la sencilla manera
de distinguir entre la gente:
quien en el ahora se esmera
y el que conjeturando se pierde.

TU AUTOESTIMA

¿Cómo vas a arreglar la vida de los demás,
si no sabes qué hacer con la tuya misma?

¿Cómo saber los pasos que has de dar,
si te dejas guiar por quien te oprima?

¿Cómo hallar en ti lo que es más,
para encender brillante chispa?

¿Cómo dejar todo detrás
y amar tu autoestima?

Reciente historia

Las grandes potencias
juegan al ajedrez de la guerra
en territorio de una tercera nación
y dañan a su gente sin tener razón.

Fuera llevan las miserias
que ocasionan mucha pena,
hambre, tragedia y desolación
para la mayoría de la población.

Así es la reciente historia,
y los nuevos imperios esperan
que nos creamos su fabulación
bajo la bandera de una federación.

AGUARDAS

La vida es un viaje sin parada
en la estación que pasas
y tu alma se adapta.

En la primavera cantas,
llega el verano y tú te bañas
en agua de mar o río que amas.

Con el otoño estás más mansa
y te quedas a gusto en casa,
pues el invierno aguardas.

EL PRINCIPAL PERSONAJE

Mirar es imprescindible
para ver lo que hay delante
y dejar de hacer lo que te dicen
si quieres ser diferente a lo de antes.

Con tus propios ojos has de dirigirte
hacia la meta que tú te marques,
sin hacer caso a los que ríen
porque lo que amas haces.

Si estás ciego y recibes los envites,
dejando que otros la vida te amarguen,
deberías saber que esto es como el cine
y que siempre serás el principal personaje.

UNIDAD CON LO DIVINO

La religión es una señal
que te muestra el camino
hacia tu reluciente destino.

Busca siempre la verdad,
no te pierdas en símbolos
ni tampoco por vacuos ritos.

Así descubrirás que estás
y siempre estuviste dirimido,
pues jamás en ti hubo conflicto.

No esperes a que los demás
te revelen lo tuyo más íntimo,
que es la unidad con lo divino.

PROPIA VIDA

No caer en la desidia
es la mejor normativa
que a uno mismo activa
y a movernos nos anima.

Porque la persona pasiva
no dirige su propia vida
y hace lo que dictan
las otras ánimas.

DIBUJANDO MI SINO

Quizás Google ya se adentra
mejor que yo en mí mismo,
pues ahora me observa
y está conmigo.

Quizás Amazon más sepa
acerca de mis ritmos
y envíe la remesa
a mi destino.

Quizás ellos dos me manejan
con sus finos y largos hilos
como a una marioneta
dibujando mi sino.

RENOVARTE

En esta sociedad
que es tan cambiante
debes siempre adaptarte.

Pues es la realidad
que si era bueno antes,
ahora ya casi nada vale.

Con gran capacidad
para el continuo reciclaje
seguirás con tu aprendizaje.

Porque la finalidad
supone un creativo arte:
cada día has de renovarte.

LO AMAS

Sin estar enfermo,
pasar un día en cama
solo porque te da la gana
es un placer que no se iguala.

Evitando el extremo
de hacerlo cada semana,
sino que raramente basta,
pues te provocaría desgana.

Yo, de verdad, te lo aconsejo
para mantener la mente sana
mientras el cuerpo descansas.
Ya verás cómo también lo amas.

Ocupará un sitio

A quien cuidamos cada día
se convierte en especial y único.
La flor que riegas con tanta alegría
no es como la de un jardín público.

Y así pasa con todo en la vida,
dando igual que seas pobre o rico,
porque solamente al que acaricias
en tu rojo corazón ocupará un sitio.

VIVIR UN POCO

En una fría mañana de otoño
un sol grande brillaba en lo alto
y las hojas caídas debajo del árbol
habían dejado el jardín de color rojo.

Minúscula ave que buscas con tus ojos
algo de comer en la hojarasca un buen rato,
gracias a la luz con la que te ilumina el astro,
has encontrado con tu pico algo de pan, un trozo.

Ahora sabes que todavía podrás vivir un poco.
Y el niño de cuyo bocadillo cayó ese pedazo
ignora el beneficio que te ha proporcionado
y que mañana volverás a buscar pan roto.

LO MISMO

Sábado y domingo
son días de descanso
para estar con los amigos
o pasar el tiempo en el campo.

No te quedes en tu casa aburrido
ni al hipnotizante televisor mirando,
pues lo que cuenta es siempre lo mismo
y es mejor que tu propio día hayas organizado.

EN COMUNIÓN

He aquí la cuestión:
seguir en este salón
para ver la televisión
o salir al claro balcón
y mi rostro bañe el sol.

Elegí la segunda opción,
porque evité la repetición
de las noticias a la nación
que crean tal desesperación.

Así pude disfrutar de la emoción
de sentir la brisa y esa sensación
cuando estás en paz y en comunión
con todas las criaturas que Dios creó.

ME DA LA GANA

A veces, algunos días,
no me apetece hacer nada.
A gusto tumbado me quedaría,
relajado y descansado en la cama.

En mi mente imagino la maravilla
de seguir envuelto en sábanas,
quizás hasta el mediodía
porque me da la gana.

INSPIRACIÓN

Una noche de ensueño
es recomendable solución
para un cuerpo con tensión
que ha dejado de ser su dueño.

Dando rienda suelta a tu imaginación,
aunque sepas que tan solo es un sueño,
conseguirás temprano despertar risueño,
pues volviste a hallar motivo de inspiración.

RECUPERANDO

El bebé ante la necesidad
nos pide ayuda mediante el llanto
y el cuerpo cuando sufre enfermedad
nos lo dice insistiendo en querer descanso.

Y eso no es una debilidad
porque debamos mimarlo tanto,
pues solo así con mayor probabilidad
conseguiremos que se vaya recuperando.

Cambio de situación

A un día con sol
sigue otro de lluvia,
como en tu corazón:
donde tuviste alegría
después llegó desazón.

Porque así es la teoría
que siempre tiene razón,
pues también melancolía
se transformará en ilusión.

Y se nos va pasando esta vida
en continuo cambio de situación:
a veces blancas nubes nos cobijan
y otras son motivo de desesperación.

En tu sendero

Nos perdemos a veces
en supuestas necesidades
que nos desvían de lo certero.

Pero si paras y te meces,
verás que son banalidades,
mera publicidad en un letrero.

Busca lo que te mereces
y evita sutiles trivialidades
que te llevarán a mal derrotero.

Así hallarás que tú eres
una chispa entre infinidades
de luces brillando en tu sendero.

AHORA TOCAMOS

No creas en un dios transcendente
que es invisible y está lejano,
sino en el inmanente
dentro del ser humano.

No creas en un dios ausente
dejándonos de la mano,
pero sí en el presente
que ahora tocamos.

LA CONSEGUIMOS ENTERA

Nadie igual piensa,
cada cual con su idea,
que difícil de cambiar será,
eso nos sucede a cualquiera.

Nadie posee la verdad,
todos tenemos parte en ella
y cuando nos unimos de veras,
entonces la conseguimos entera.

CON ILUSIÓN

Abres la ventana
para que entre el sol,
que llega a tus pestañas
y hasta el fondo de tu corazón.

Así lo haces por la mañana,
siempre al ritmo de una canción
que penetra al interior de tus entrañas
quitando las penas y aliviándote el dolor.

Esa es la manera más sana
de comenzar el día con ilusión,
para seguir manteniendo las ganas
y perseverar ante cualquier situación.

LO CONSEGUIRÁS

Siempre hay que tener sueños,
no importa cuál sea tu edad,
para permanecer risueño
hasta la eternidad.

Sigue adelante con tus proyectos,
no los dejes antes de empezar,
porque si abandonas el reto,
pronto lo vas a lamentar.

Nunca es tarde para hacerlo,
y la idea será una realidad,
solo con proponértelo
tú lo conseguirás.

VERLOS QUIERO

Las estelas de aviones cubrían el cielo
en líneas rectas hacia el firmamento.
Ahora ya no las veo hace tiempo,
solo hay nubes en movimiento.

Arriba se disipaban movidas por el viento
y yo las observaba al ir desapareciendo.
Las echo en falta desde muy adentro,
pues sus formas me daban aliento.

Me gustaría volver a ver un avión al vuelo,
porque haciendo dibujos yo los recuerdo.
Como una deslumbrante ave de acero,
así es la manera que verlos quiero.

GOBIERNAN LA TIERRA

Ahora grandes potencias
son las que ganaron la guerra
y poseen la temida arma atómica,
pero no permiten que otros la tengan.

Viven en ingenua creencia
de que el mundo no se entera
y dicen tener clara la conciencia
imponiendo a los demás sus reglas.

Lo que Naciones Unidas decidan
cuando no les conviene lo bloquean
con el derecho a veto que reivindican.
Así solamente ellos gobiernan la tierra.

SON DIFERENTES

Todos somos diferentes
y no nos sentimos iguales,
sino que más bien singulares,
aunque tengamos la misma mente.

Nuestra exclusividad es intransigente
haciendo a los otros desiguales,
quizás hasta seres residuales,
puesto que son diferentes.

SI ARDE

Un diamante
y una bella flor
te dio tu amante
cual seña de amor.

Y tú te preguntaste:
¿qué tendrá más valor:
una piedra muy brillante
o la planta que miró al sol?

La respuesta es que si arde
y con pasión te transmite calor
es lo único que, de verdad, vale
cuando llega a tu carmesí corazón.

En hermandad

¡Ay, mi Europa!,
continente de guerras,
de alianzas y al final paz.

¡Ay, mi Europa!,
con población tan vieja,
precisando inmigrantes ya.

¡Ay, mi Europa!,
tu gente lo que espera
es unión en la diversidad.

¡Ay, mi Europa!,
que desaparezcan fronteras
y todos uno seamos en hermandad.

SERENA FELICIDAD

El dolor y la enfermedad
a todos siempre nos afecta,
recordándonos sin tener piedad
que la muerte, poco a poco, se acerca.

Pero si tomamos la vida con humildad,
aceptando lo que cada día venga,
alcanzaremos serena felicidad
también en épocas de pena.

QUE TU ESTIMA CREZCA

No abandones tu sueño
ni cejes en el empeño,
aunque loco parezca,
una lejana meta.

No sigas ciego al pueblo
y sé tu propio dueño.
Que pena merezca
estar en la tierra.

Vuela como el libre viento
en este mundo incierto.
Que tu estima crezca
y no desvanezca.

PASEAR POR LA RÍA

He decidido no oír más noticias,
ya sea en la radio o en televisión,
pues nunca provocan una sonrisa,
sino que mucha tristeza y desazón.

Además, los políticos con sus astucias,
repitiéndonos siempre el mismo sermón,
cuyo objetivo es demostrar la gran pericia
con la que a los problemas buscan solución.

Pero, en realidad, todo es una grotesca mentira
para someter al pueblo llano con su manipulación.
Por eso, a partir de ahora, yo prefiero pasear por la ría
disfrutando de la naturaleza, aunque me pierda la función.

ACEPTAR

Quizás la clave está
en sentir tu enfermedad,
porque si tú la espalda le das,
nunca te va a dejar estar en paz.

No creas que sufres más que los demás.
En este mundo todos tenemos qué lamentar,
pues forma parte de la vida con su alegría y sal.
Por eso es mejor seguir adelante pudiendo aceptar.

MAGNÍFICO RETO

A cada año le ponemos su número
y los meses bautizamos con nombre.
Así es cómo contamos nuestro tiempo,
porque pensamos a la medida del hombre.

Todo fue muy racionalmente hecho.
No se le puede encontrar reproche,
pues fue realizado por un experto
para guiarnos de día y noche.

Quizás sea un magnífico reto
para la persona que, cuando ore,
se olvide del calendario tan recto
mientras mirando al cielo implore.

REPOSO QUE SERENA

Con mi amiga la pereza
un domingo cualquiera
paso la mañana entera.

Las sábanas se enredan
y lían entre mis piernas
sin sentir culpa ni pena.

En almohada mi cabeza
descansa sobre una tela
que es suave como seda.

El cuerpo bien se alegra
con el reposo que serena
y calma una mente alerta.

CAMBIAR EL RITMO

Nos lo decía en El Principito
Saint-Exupéry, un escritor francés,
que «lo esencial es invisible a los ojos,
porque solo se puede ver con el corazón».

Así es cómo miran los niños
y siempre hallan lo que tú no ves,
pues cual si estuvieras en hondo hoyo
obedeces ciegamente a la lógica de la razón.

Todos debemos cambiar el ritmo
para poder regresar a nuestra niñez,
cuando la imaginación era gran apoyo
transmitiéndonos sensibilidad y pasión.

No fui mi dueño

Tuve un divertido sueño
y me pasé la noche riendo.
No preguntes por qué ni cómo,
ya que lo sucedido no recuerdo.

Ayer estuve todo risueño
con carcajadas y sonriendo.
Me levanté felizmente cómodo
e ignoro el motivo de lo que cuento.

Anoche no fui mi dueño.
Me dejé llevar alas batiendo
al paraíso de la risa en mi coco
y me alegro por no estar cuerdo.

UNA FLOR ALTA

Un tiesto con solo tierra
dejé en mi ventana blanca:
había muerto la bella planta.

Y el viento que polvo siembra
una fértil semilla arrastró a mi casa
junto con lluvia que en paz descansa.

Ahora la tierra ya nunca más estará seca,
porque de ella va a nacer una flor alta
que verde crecerá cuanto le plazca.

Siempre contigo

La buena autoestima
es una importante cualidad,
porque si te quieres a ti mismo
seguramente te querrán los demás.

No significa ser egoísta,
sino tener gran generosidad
para quien está siempre contigo,
que eres solamente tú y nadie más.

Tampoco serás egocentrista,
más bien defenderás la igualdad:
el derecho que tienes a ser admitido
como uno más en una justa sociedad.

VARIOPINTO

Cuidar de un ser vivo
exige tiempo y cariño.
Sea planta o pececillo,
necesitará a un amigo.

Y si asumes el compromiso
de que viva cerca contigo,
trátalo como a ti mismo
cual si fuera tu hijo.

Todos somos idénticos,
pues del cielo la vida vino
y cambió de modo variopinto
en hombre, mujer o flor de olivo.

ESTÁ EN TODOS LADOS

El objetivo del ser humano
es llegar a la unidad con Dios,
sentirse protegido en su regazo.

Para ello no utiliza las manos
y un día al cuerpo le dirá «adiós»,
porque con su mente quiere hallarlo.

Aún no sabe que está en todos lados,
incluso en los ojos que Él nos dio,
pero por ahí no lo buscamos.

Él está en el pájaro alado
y en la flor que surgió
en medio del lago.

VIENDO TU CARA

Cuando la tristeza se apodera de tu alma
y en pensamientos oscuros divagas,
es mejor si un momento te paras
a razonar lo que la mente halla.

Elige lo positivo de tu casa
y aparta lo que daño te haga.
Así en el espejo viendo tu cara
volverá la alegría que ansiabas.

Correcto destino

Hoy ha comenzado el día
soleado y muy tranquilo,
trayendo tanta alegría
a quien la quiso.

Al llegar el mediodía,
todo aún seguía pacífico,
sin noticias malas o trágicas,
quizás hemos sido bendecidos.

Puesto que tu vida es como la vivas,
puedes elegir entre lo feo o bonito
cuando al atardecer meditas
sobre lo acontecido.

Por la noche, bajo estrellas que brillan,
sabrás si te diriges a correcto destino
o si, al contrario, en dudas vacilas
y te encuentras muy perdido.

SI LAS MUJERES GOBERNARAN

Si las mujeres el mundo gobernaran,
creo que muchas menos guerras habría,
porque a quien del cuerpo con amor emanan
tan fácilmente como el hombre no lo sacrificarían.

Si las mujeres el mundo gobernaran,
la rivalidad entre estados desaparecería
y se formaría una verdadera relación humana
en la que gran fraternidad cual hermanos reinaría.

Si las mujeres el mundo gobernaran,
quizás tan solo sea una utopía,
que la tierra sería más sana
y con menos porquería.

AMA LA PUREZA

Donde muere la civilización
y nace virgen naturaleza
se acabó toda la acción
y comienza la belleza.

Fuera el ruido con su desazón
y que el sol resplandezca
dentro de tu corazón
que ahora despierta.

Mira despacio a tu alrededor
y disfruta de la simpleza
que la técnica dejó
y ama la pureza.

TOMAR UNA VARIANTE

La salud es lo más importante,
cuando no la hay el resto es sobrante,
porque es imposible seguir para adelante.

Otros problemas se resuelven, Dios mediante,
y si no se solucionan, puedes tomar una variante,
alguna manera de hacer las cosas más interesantes.

LA PAZ QUE DERRAMA

Temprano de mañana,
nada más despertar,
un poco de yoga
no está mal.

Pues te alivia el alma
en tu sala de estar,
como a quien ora
te sana además.

La paz que derrama
no se hace esperar,
ha llegado la hora
y vas a respirar.

FUE VÍCTIMA SOLO

Durante el año mil novecientos dieciocho
es cuando sufrimos la penúltima pandemia:
«la gripe española», cuyo origen saben pocos,
porque los responsables echan la culpa a otros.

Y a ver ahora, un siglo después, quién lo remedia
para cambiar este nombre que nos da tan mal rollo,
ya que, en realidad, de América vino ese bicho loco.

Un campamento militar con sus rutinas
en el estado de Kansas, en el país del oro,
causó la enfermedad y España fue víctima solo.

Por lo tanto, si la verdad histórica estiman,
los informativos deberían utilizar otro apodo,
como la «gripe norteamericana», de algún modo.

PARA PODER RECOMENZAR

El verdadero país universal
sería una buena solución
para la humanidad.

Cuando el ciudadano normal
participara por la unión
y con solidaridad.

Sin gran poder institucional
que impone la obligación
a la comunidad.

Ese sería el marco más ideal
y, seguro, la mejor situación
para poder recomenzar.

UN BESO ROJO

Por encima de los cuarenta,
cuando hace tanto calor,
es como un horno.
¡Vaya bochorno!

Es imprescindible una siesta
por la tarde en el salón,
si no te vuelves loco
muy poco a poco.

Y cuando llega la veintena,
esa es la temperatura del sabor
que en tu boca deja un beso rojo
con dulce fragancia del mejor olor.

DELICADÍSIMA TELA

Anoche soñé que dormía
entre sábanas de seda
y la cama no era mía.

Inmensa fue mi alegría,
no era un sueño cualquiera
que se tiene cada día.

Si solamente supiera
de dónde el sueño provenía,
allí me pasaría la noche entera
y con mis dedos acariciaría
esa delicadísima tela.

A TIEMPO DADO

La verde planta se caía de costado,
se había completamente ladeado
y entonces la sujeté con un palo.

Ahora sube hacia el cielo dorado,
con fuerza crece hasta lo más alto,
porque mi ayuda su vida ha salvado.

Así deberíamos actuar los humanos,
ya que un pequeño gesto a tiempo dado
puede cambiar el futuro del que está al lado.

ALCANZAS LO DIVINO

Todas las religiones
solo muestran el camino,
no te llevan hasta el destino
porque lo debes recorrer tú mismo.

Observa las sensaciones,
escucha el silencio con tu oído
y así hallarás todo lo que has perdido,
de nuevo dando a tu vida algo de sentido.

Por muchas oraciones
y aunque seas bendecido,
llegar a la cima no es un sino;
con dedicación alcanzas lo divino.

BUEN HUMOR INCITA

Una comedia romántica
quizá te pueda alegrar el día,
porque el amor llega a tu vida,
aunque sepas que es de fantasía.

Mucho mejor que las noticias,
hablando de tragedias dramáticas
que son tremendas y muy repetitivas,
tendentes a crear una mente depresiva.

Pues la película al buen humor incita.
Y después escucha celestial música
para bailar una alegre melodía
acompañada por la poesía.

Esencia santa

Cuando me levanto
subo mi persiana,
abro la ventana
y entra el sol.

Es lo que más amo
hacer de mañana,
porque sana
el corazón.

Al mirar a lo lejano,
suena la campana
que me amaina
la desazón.

Así es como yo hallo
en las cosas llanas
su esencia santa
con ilusión.

AVE ENTERA

De color negro,
era un pájaro feo
al filo de la antena.
Una normal escena.

Pero su canto sereno
fue algo de lo más bello.
Así no pía un ave cualquiera,
pues se precisa mucha destreza.

Debemos quitarnos el tupido velo
que nos deja ver solo lo externo.
Para poder juzgar al ave entera
es mejor sentarse a la espera.

ME GUÍO

A veces encuentro
un aliviador consuelo
cuando leo un buen libro.

Entonces recuerdo
que un día mi abuelo
estas palabras me dijo:

«Si quiero ser bien cuerdo,
la lengua a menudo muerdo
y antes de hablar leo lo escrito».

Ahora, sobre mi suelo,
viviendo en fértil huerto,
por esta sabiduría me guío.

CORAZÓN DE ESTRELLA

Una señora mayor cuelga su ropa,
ya que ser activa a la vida la sujeta.
Si en su cama se quedara, estaría rota,
con cuerpo dolorido que muerte espera.

Porque hasta el final hay que ser cual roca
que se mueve y brilla como corazón de estrella.
Pues en realidad eso es lo único que nos importa:
vivir intensamente cada día, incluso con la piel seca.

PROPIO JUEZ

Tan solo un bebé,
que dependiente es,
se dedica en la niñez
al juego y quiere crecer.

En la adolescencia, sin querer,
comienza a transformar su ser,
pues el joven su camino ahora ve.
Es el que elige y lo deberá recorrer.

Así, con sus planes, llega a la madurez.
Solo entonces se pregunta por primera vez
«¿quién soy yo?» en el sendero hacia la adultez
y se replantea todo lo que desde joven quiso hacer.

Mirando a la experiencia de la vida, se acerca su vejez
y ahora todo ve como un novela redactada sobre papel,
en la que él el personaje principal es, ese que fue un bebé.
Tuvo aciertos, cometió errores y al final él es su propio juez.

REALIDAD SOÑADA

Mientras veía la pantalla,
a la vez miraba por la ventana
y cercanas vagaban nubes blancas,
en el cielo azul sobre árboles pasaban.

La belleza de la naturaleza no es igualada
por la ficción de una película narrada,
puesto que solo es realidad soñada
y al final se convierte en nada.

POR NOSOTROS

Es muy difícil vivir solo
sin tener una regla de oro
mediante la que guiar todo.

Es muy difícil vivir con otros
sin querer adaptar un poco
la inamovible regla de oro.

Así es como los humanos somos,
que miramos siempre por nosotros,
ya estemos viviendo solos o con otros.

AÚN EN TI ESTÁ VIVO

Cuando ya no encuentras sentido
y llevas una vida sin destino,
te abandonas al sino.

Eso no es lo que tu niño quiso,
porque tenía ilusión y era divertido,
pues cada día miraba hacia el infinito.

¡Recupera a quien aún en ti está vivo!
Dale alas para que alcance el cielo divino
y volverás a ser feliz en tu inocencia de niño.

SERENIDAD

Volver a lo básico
dejando la vanidad
que hay en sociedad.

Y descubrir lo mágico
buscando solo tu verdad,
la que proporciona felicidad.

Es el camino único.
Abandona la celeridad
y acoge santa serenidad.

ETERNA OCIOSIDAD

El trabajo da estabilidad,
no solo monetaria seguridad,
sino que a la vida una regularidad,
siendo para cuerpo y mente sanidad.

Quien en su pensión piensa con asiduidad
y no vive el presente en tranquilidad
está en una futurible irrealidad:
vivir la eterna ociosidad.

DEDICATORIAS

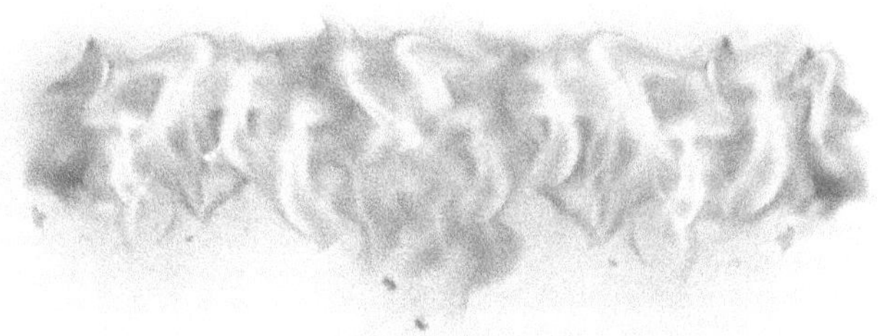

A ELLA HUELO

Aún recuerdo
el ladrillo caliente
que mi madre en invierno
me ponía en los pies hirientes
por el frío que hacía en aquel tiempo.

Y cuando duermo,
recogiendo mi vientre,
como dentro de su cuerpo
cuando era un ser incipiente,
hallo el calor que me da sueño.

Yo todavía a ella huelo,
pues me llevó nueve meses
y toda la niñez colgado del cuello.
Porque la buena madre es, con creces,
la única que busca el confort de su polluelo.

LLEVAS EN TI

Llevas en ti
el día que naciste,
esa semilla ardiente
permanece en tu mente
y yo con rojo fuego la prendí.

Llevas en ti
la niña que fuiste,
también la adolescente
dejó en tu ser la simiente
que al hablar contigo sentí.

Llevas en ti
la joven y creciste
para ser mujer valiente,
que a la vida le hace frente
y yo contigo a gozar aprendí.

JUEGOS

Y duró el fuego
hasta el amanecer,
tú no fuiste un sueño
en el oscuro anochecer.

Juntos los dos risueños,
como unos niños al crecer,
nos perdimos en los juegos
de los amantes con su querer.

SENCILLAS COSAS

Están tan solas,
las abuelas todas,
esperando a la hora
que pase esta mala ola,
aisladas y muy miedosas.

Los abrazos tanto añoran,
besar al hijo que adoran
o al nieto dar la sopa.
Las sencillas cosas
quieren ahora.

Índice

Sobre el autor

José Ramón Herrera es diplomado universitario en Profesorado de Enseñanza General Básica, así como también en Empresas y Actividades Turísticas; sin embargo, su trayectoria profesional se ha desarrollado primordialmente en el mundo de la traducción, ya que los idiomas fueron su mayor afición desde muy joven y finalmente acabó dedicándose plenamente a ellos.

Después de una trayectoria de más de treinta años en el mundo laboral de la traducción, hace algunos años sintió la necesidad de expresar su mundo interior a través de la poesía. Por tanto, hoy en día la escritura es su nueva pasión, aunque sigue ejerciendo como traductor.

En su camino hacia la autorrealización, tal y como la describe el psicólogo Abraham Maslow, el autor utiliza la creatividad de la rima para describir lo que ve y siente en el día a día. Digamos que es un poeta que transforma lo cotidiano en excepcional y nos ayuda a ver con claridad lo que nos rodea.

Con una mentalidad de aprendizaje continuo, José Ramón Herrera seguirá adelante por el sendero que ha tomado, intentando ver siempre lo positivo de la vida de acuerdo con la psicología humanista.

Albert Einstein decía que «hay dos formas de ver tu vida: como si nada fuera un milagro o como si todo fuera un milagro». En este poemario José Ramón Herrera se inclina por la segunda opción.

Tras explicarle al lector qué significa para él la poesía y describir los pequeños milagros de la vida, que muchas veces damos por descontado, razona de forma lógica cómo podemos ver los aspectos positivos de la vida siguiendo la doctrina del filósofo Baruch Spinoza, quien creía en un dios inmanente, que está en nosotros, en lugar de en un dios transcendente que está fuera de nosotros; de hecho, cuando a Einstein le preguntaron si creía en Dios, este respondió: «Creo en el dios de Spinoza».

www.ingramcontent.com/pod-product-compliance
Lightning Source LLC
LaVergne TN
LVHW051222200726
843510LV00011B/1456